AF494504

ACCORD

DES INTÉRÊTS ET DES PARTIS,

OU

L'INDUSTRIE SOCIÉTAIRE,

Par F. Villegardelle.

Accorder l'intérêt de chacun avec celui de tous.

Tant qu'il n'y aura pas solidarité entre les membres du corps social, une partie sera toujours intéressée au malheur de l'autre.

(*Page* 6).

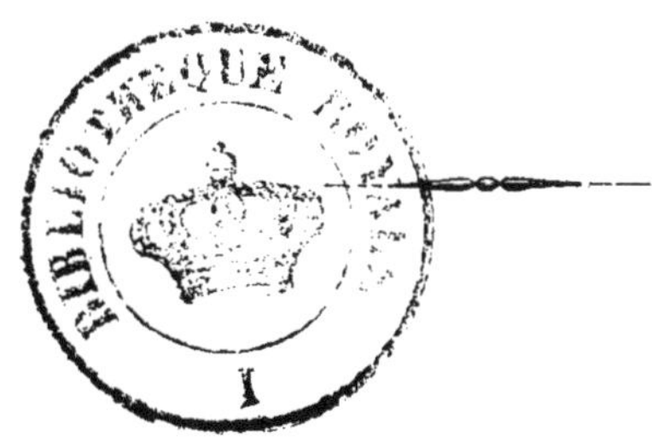

PARIS,

AU BUREAU CENTRAL, RUE JACOB, N°. 22.

1836.

percepteurs, contrôleurs, de *spéculer* sur les objets confiés à leur garde, argent, papier timbré, etc., et retient un cautionnement garant de leur fidélité. Tandis que nous abandonnons nos produits aux spéculations des marchands qui s'interposent entre les acheteurs, les producteurs, et ne produisant rien, vivent aux dépens de tous les deux, et cela parce que nous n'avons pas même su créer par canton des entrepôts à places fixes où l'on ne paierait qu'un simple droit de dépôt et transport.

Je crois, ma foi, que si le gouvernement n'avait pas centralisé la loi, les postes, les monnaies, etc., nous en serions encore à subir les jugements de mille petits seigneurs, à payer des sommes énormes pour faire passer un billet, à voyager péniblement dans des chemins raboteux; enfin, notre défaut d'intelligence est si grand, qu'il a fallu dernièrement contraindre les propriétaires à augmenter la valeur de leurs terres en y laissant passer nos grandes routes. Etonnez-vous après cela qu'il y ait tant de luttes et de guerres, et que le sabre du guerrier ait toujours servi de coing pour enfoncer la sagesse dans nos dures cervelles. Il est sans doute fort malheureux que les peuples aient besoin pour s'entendre d'établir entr'eux une conversation à coups de canon. Mais peut-être y a-t-il là une loi de la nature. Tout ce qui naît et grandit lentement, meurt de même. Les pensées lentes à naître adhèrent fortement au cerveau comme la chaleur au caillou. C'est pour cela qu'on a dit sans doute que l'humanité est patiente parce qu'elle est immortelle. En sorte que notre lenteur est encore une espérance. Il faut des siècles pour l'éducation du genre humain. La vérité ne vient pas électriquement et à la fois à tout le monde. La comparaison des idées ne pouvant se faire que dans une seule tête, c'est presque toujours un homme qui découvre et se fait comprendre au risque d'attirer sur lui la misère, la raillerie, le poison, l'inquisition, monnaie ordinaire avec laquelle la multitude paie le génie. Il l'a dit aussi, le vieillard sublime qui, dès 1808, donnait au monde, dans sa *théorie des mouvements,* des idées à briser le crâne de Napoléon... De même qu'un ta bleau est éclairé d'un seul côté, que la lumière dans le monde physique part d'un seul soleil, il y a de même dans le monde de la pensée des centres lumineux qui attirent les peuples à leur clarté féconde. La multitude donne les matériaux de l'édifice social, c'est-à-dire les besoins et les désirs qu'il faut observer. Mais ils restent éparpillés jusqu'à ce qu'ils trouvent leur architecte.

Pour nous, qui venons proposer une chose à laquelle tout le monde est préparé, nous n'avons pas besoin de grands ména gements. Il ne s'agit en effet que d'appliquer à l'agriculture, au commerce et aux arts ces principes d'unité et de garantie solidaire que le gouvernement a employé dans quelques fonctions administratives. Cela est plus utile que d'employer notre temps en vaines disputes politiques qu'entretiennent les journaux comme un gagne-pain. — Voici donc un nouveau mode d'agriculture et d'industrie *sociétaire.*

III.

Mode d'association industrielle et agricole, conciliant les intérêts des savants, des capitalistes et des travailleurs.

Maintenant que nous connaissons les conditions du bonheur social, appliquons-les sur un coin de la patrie, et n'imitons pas ces réformateurs qui veulent changer l'univers et ne savent rien proposer pour une commune. Je prends une demi-lieue carrée de terrain, afin que l'industrie agricole s'y développe avec le secours de toutes les machines économiques dont les particuliers isolés ne peuvent jouir faute d'avances, et voici comment nous allons procéder. Je dis nous, parce qu'il faut vous apprendre que quatre jeunes gens, artistes, savants, écrivains, etc., ennuyés autant que moi de criailleries politiques, vont exécutei ce que je vous propose ; et cela, avec d'autant plus de facilité, que le gouvernement est intéressé à protéger une association pacifique dont le but est d'appeler à des travaux utiles une jeunesse turbulente.

Nous allons donc exploiter ce terrain comme un seul domaine, avec le secours des meilleurs agriculteurs et industriels choisis par nous. La propriété individuelle de chacun sera respectée et se convertira en *actions* qui lui conféreront hypothèque générale sur les terres, constructions et produits de la ferme sociétaire. Elles donnent droit à un revenu annuel, absolument comme les *coupons d'actions* des entreprises industrielles. Les coupons sont, comme vous savez, des valeurs négociables qui rendent les déplacements très-faciles et n'obligent pas un homme à demeurer dans un pays contraire à sa santé ou à ses goûts, comme dans notre agriculture immobilisée. Je n'ai pas besoin de vous dire que l'exploitation ne serait plus enlaidie et morcelée par le caprice des actionnaires, qui n'ont jamais eu en industrie la prétention d'exiger une partie d'un édifice ou d'une usine. Il doit vous paraître bien étrange qu'on n'ait pas appliqué un principe aussi simple à la plus utile des fonctions, à l'agriculture. Que voulez-vous? l'humanité ne s'avise d'une bonne idée que par un malaise. Celui des propriétaires fonciers est assez grand aujourd'hui pour qu'elle y songe.

Les qualités du terrain, constatées par des hommes spéciaux, règlent le genre de culture qui lui convient, afin qu'on ne voie pas comme aujourd'hui jucher sur la montagne les productions de la vallée, planter en céréales des versants rapides que dénudent les torrents, et autres absurdités imposées par l'isolement, l'ignorance et l'impossibilité de trouver autant de gens intelligents qu'il y a de familles et de petits biens isolés dans une commune. Comme nos maisons seront assez rapprochées pour nous secourir, pas assez pour nous infecter, ainsi que dans vos misérables capitales, nous n'aurons besoin que d'un seul jardin, d'un seul verger, d'une seule vaste cave, d'un seul grenier, etc., dans lesquels des préposés conserveront les produits avec luxe et pourtant avec économie. Car nous consacrerons à la perfection d'une vaste usine tout ce que nous eût coûté la construction étroite et malsaine de trois cents petites usines, caves, greniers, granges, étables; où se gâtent, se corrompent, et dépérissent, les denrées, les liquides et les animaux.

Le travail se divise en autant de séries que la localité donne lieu à de sortes de fonctions. La série se subdivise en groupes. Ainsi, par exemple, le jardinage est une série, le potager, le verger et le parterre forment autant de groupes qui élisent leur chef, ainsi que les series, afin que l'élection ait lieu entre *pairs*. La division du travail sera poussée aussi loin que dans les manufactures où l'on fait, je crois, subir 60 opérations à la fabrication des épingles, pour que chacun de nous se rende utile dans la mesure de ses facultés et de ses loisirs, et devienne digne de diriger une *série* après avoir suivi tous les groupes qui la composent. On n'est pas rétribué par journée, mais par partie de journée, afin que les personnes qui aiment la variété des travaux ne soient pas rebutés par la monotonie abrutissante qui arrête souvent les développements des talents et de la santé.

La répartition se fait selon le capital, le travail et le talent, dans une juste proportion déterminée par les groupes et séries. La justice présidera toujours à ces opérations et sera même garantie par notre intérêt, car le capitaliste désire que le talent assure à l'exploitation de bons bénéfices; le talent à son tour peut devenir actionnaire; ainsi la balance ne penchant jamais d'un côté, il n'y a plus cette lutte acharnée qui existe entre gens non solidaires.

Pour rendre encore la répartition plus équitable on établit une distinction entre les travaux nécessaires, fatigants ou difficiles, plus rétribués, et ceux d'agrément, qui rapportent moins, parce qu'ils sont ordinairement choisis par les personnes qui ont assez de fortune ou de goût. La rétribution dépend un peu des localités, mais les points extrêmes entre lesquels elle doit osciller sont : un minimum pour les moins rétribués, ou les pauvres, si du moins il peut y en avoir; une honnête aisance, avec plus ou moins de luxe, pour les autres. On sent qu'après quelques années d'exercice il sera facile de savoir à l'avance ce qui revient au travail, au talent et aux capitalistes, auxquels on pourra amplement assurer 5 p. %, que l'agriculture morcelée ne donne plus.

Vous remarquerez que la nature ayant donné aux enfants et aux femmes une propension naturelle pour les travaux répugnants comme le nétoyage, le soin des enfants, la buanderie, le nourrissage; ils auront, comme fort rétribués, une indépendance assurée. La ferme devient une caisse d'épargnes pour les ouvriers et la jeunesse, mais avec cette grande supériorité que le revenu peut augmenter par les soins même du déposant, tandis que les banques de prévoyance placées dans les villes entretiennent le gouffre dévorant de l'agiotage, de la bourse et de toutes ces spéculations commerciales qui enlèvent à des travaux utiles des milliers de bras.

Les enfants, sans quitter la commune, ou tout au plus le canton, entourés d'une grande variété de travaux, vaste encyclopédie en action, auront exécuté avec plaisir et profit, à quinze ans, plus de choses que vos collégiens n'en savent décrire en style pompeux à vingt-cinq. En sorte que l'éducation sera aussi lucrative qu'elle est ruineuse aujourd'hui. Il faudra qu'ils soient bien dépourvus de curiosité ou d'activité, si chacun d'eux n'a parcouru à vingt ans tous les groupes qui touchent aux séries vers lesquelles un penchant naturel les entraîne, et acquis un avoir à l'époque du mariage.

Aux travaux agicoles sont toujours joints les travaux industriels, et comme c'est la nature du sol qui a déterminé les premiers, c'est encore elle qu'il faut consulter pour établir les manufactures dont la localité a besoin. Les produits sont manufacturés sur les lieux mêmes, afin d'éviter les frais inutiles de transport, et surtout l'agglomération des ouvriers dans les villes qui ne sont que trop encombrées. C'est d'ailleurs un moyen d'utiliser les journées d'hiver ou de pluie, et de trouver disponible dans un cas pressant comme la tenaison, la moisson, la récolte des fruits jetés à terre par un vent subit, une population industrielle qui se trouve aujourd'hui fort reléguée.

Si la *production* des richesses est simplifiée, vous allez voir que leur *circulation* ne l'est pas moins.

Le *comptoir sociétaire* qui en est chargé a ses membres rétribués comme ceux des autres séries. Choisis parmi les actionnaires, ils sont intéressés à ne pas discréditer l'exploitation agricole en falsifiant les produits. Ce comptoir est principalement chargé de tenir la comptabilité, de payer les impôts à jour fixe, de veiller à la conservation et manutention des denrées, de les vendre à temps opportun, de procurer celles de l'étranger en affranchissant l'acheteur de tout bénéfice autre que celui d'entrepôt et port; la facture d'achat en fait preuve. Il doit coucher le tout sur des registres que les délégués des séries vérifient à volonté. Il loue aussi les appartements aux étrangers, se charge des approvisionnements sur les marchés, paie les différents métiers dont la ferme sociétaire a besoin, restaurateurs, tailleurs, cordonniers, maçons, et assure aux pauvres du travail, le logement et la nourriture aussi économique que l'association peut la donner, procure des soins aux malades, avance à crédit ou sur gages la nourriture et l'habit aux nécessiteux, etc.; ce qui distingue surtout notre comptoir sociétaire de vos commerçants actuels, c'est qu'il est simple dépositaire et distributeur des objets, et ne peut faire sur eux aucune des spéculations frauduleuses que favorise la *libre concurrence*. Cette lutte entre vendeurs, qui leur impose ou la fraude ou la misère, est peut-être utile pour réduire le prix, tant qu'on n'a pas élevé le commerçant au rang d'un fonctionnaire rétribué, mais il vous paraîtra bien ridicule d'exposer ainsi la santé et la bourse des acheteurs, quand vous vous serez avisé d'établir comme nous une surveillance sur toutes les industries.

Momentanément, ce que j'ai le plus à cœur, c'est de vous montrer les avantages qu'offre notre mode d'exploitation sous le rapport du bien-être, de l'économie et de la sécurité. Voyez en effet que la consommation du bois, du comestible, sera fort réduite chez nous, et qu'il vous serait impossible d'éviter dans l'isolement cette perte d'objets, de soins et de temps. Vos quatre cents familles emploient à vendre vos denrées quatre cents individus allant perdre régulièrement au marché quatre cents journées, tandis qu'il nous suffit de trois à quatre chariots avec leurs conducteurs. Vos quatre cents mauvaises caves, greniers, cuisines, usines, sont entretenus à grands frais par une foule de valets qui emploient à mal faire la besogne dix fois plus de temps et d'argent que nous en mettrons à entretenir et surveiller une seule cave, grenier et restaurant. Pourquoi ne réuniriez-vous pas comme nous dans une exposition saine et agréable, toutes vos maisons, éparpillées loin des secours médicaux, sociaux et religieux? Tourmentés, pillés, espionnés par une foule de gardiens, de domestiques et de vagabonds, dont les intérêts sont opposés aux vôtres, vous menez une vie tiraillée par l'ennui, la surveillance, la crainte et les tracasseries. Vous pourriez, au contraire, jouir des ressources de la ville sans en subir l'insalubrité, parce qu'il y aurait entre vos maisons un espace toujours proportionné à leur élévation. Il serait peut-être mieux, pour faciliter la distribution économique de la chaleur et de l'eau dans tous les appartements, par des calorifères et des tuyaux, d'avoir un seul édifice dont le Palais-Royal de Paris peut donner une idée. Mais il ne faudrait pas comme là, serrer, aplatir les étages et les chambres. Notre habitation, à deux étages seulement, aurait, entre chaque corps de logis, des galeries bien aérées qui établiraient une communication à couvert du vent et de la pluie. Nous n'avons pas besoin d'économiser le terrain comme dans vos villes d'épiciers, où les hommes viennent se disputer l'air, le plaisir et l'argent; où une multitude réunie par l'ennui, l'oisiveté, le vice et l'ambition, se presse, s'entasse, s'infecte dans des taudis étroits et malsains; où les hommes excédés de veilles, de travaux et de passions, perdent leur santé, leur honneur, et détruisent par le vice des fortunes que le vice avait agrandies. De là ces industries si multipliées que dévore une concurrence anarchique, les rivalités cruelles, le besoin d'éclabousser ses rivaux par des fraudes et des roueries mises avec adresse sous la protection du code. Ces misères sont bien dignes d'une civilisation qui ne connaît que les extrêmes : l'isolement des campagnes, ou l'agglomération malsaine des villes; le désert et l'abandon d'un côté, l'excès de population et de culture de l'autre.

Quand on vous propose de grandes économies, vous dites toujours : Bah ! cela nous plait, l'argent nous donne le droit de tout commander. Oui, mais sachez que cette perte d'objets et de forces se fait sentir en grand sur le reste de la nation. Vous privez les malheureux de tous les produits anéantis par caprice ou par ignorance. L'humanité est solidaire comme les membres d'une famille; tous ont à souffrir un jour des sottises de chacun. Ainsi les côteaux qu'a mis à nu votre gaspillage du bois sont dépouillés de la terre végétale par des averses terribles, et rendent au cultivateur tout le mal qu'ils en ont reçu. Les climatures du globe sont troublées par cette destruction des forêts, protectrices naturelles des sources et des irrigations. Des inondations suivies de longues sécheresses viennent nous désoler; cela devait être pour l'ensemble de l'humanité ce que la douleur est pour chacun de nous, un avis aussi salutaire que terrible de se rallier à l'ordre. Mais on n'en continue pas moins d'applaudir à toutes les bévues de la routine. Aussi l'agriculture est discréditée aux yeux des capitalistes. L'argent est rendu à la terre quand la gêne du malheureux laboureur le force de subir les prêts usuraires des spéculateurs avides, vautours du corps social, qui n'ont pas changé de nature depuis que Jésus les chassa du temple. Mécontent de sa condition, il assure à ses enfants un moyen de s'y soustraire par une éducation aventureuse, dont l'effet est de multiplier les fonctions parasites. Mais comme les progrès des lumières tendent à remplacer ces fonctions, il y a un refoulement inévitable vers les campagnes. Ceux qui en ont perdu la simplicité laborieuse y retournent, non pour offrir le secours de leurs bras à une terre délaissée, mais pour imposer aux cultivateurs les importunités d'un vagabondage insolent.

N'écoutez pas ceux qui veulent nous tirer de ce malaise en dépouillant l'un au préjudice des autres. Il ne s'agit pas de faire comme toujours le bonheur de quelques-uns par les souffrances et les privations des autres. Déplacer la fortune ce n'est pas l'agrandir; et savez-vous d'ailleurs ce qu'un partage égal donnerait par tête? Neuf à dix sols. Vaut-il donc la peine de rêver une égalité aussi vaine que criminelle? Donnons un moyen de rendre les produits quatre fois plus grands, afin que ceux qui souffrent aujourd'hui en aient assez pour ne pas envier le sort des autres. Mais pour cela il faut en venir au moyen proposé : simplifier les rouages, employer à des travaux utiles des forces mal dirigées. Vous sentez que si nous mettons cent personnes où dix suffiraient, quatre-vingt-dix vivent aux dépens des autres, et pourtant sans qu'on puisse leur en faire un crime; car enfin, nous sommes plus ignorants que méchants. Nous n'avons jamais su prévoir nos révolutions; évitons au moins celle qui se prépare au nom de la faim. Arrêtons cette agglomération funeste de misère, qui dévore Londres, Lyon, Paris, et bientôt toutes les villes. Rallions-nous à une institution qui va distribuer la population dans la mesure exacte de la richesse du sol. Notre patrie deviendra un vaste jardin, où les étrangers, attirés par l'intérêt et la curiosité, subiront l'influence de nos idées et de notre industrie bien plus féconde, croyez-moi, que nos propagandes à mitraille!

N'êtes-vous pas las des procès, des haines, des rivalités qu'engendre l'extrême division de vos propriétés, par des haies, chemins et bordures, qui enlaidissent nos campagnes, et en rendent la culture ruineuse? Ne voyez-vous pas que la rapine et la perfidie seront détruites entre co-associés? que les babillards vivant de nos querelles dirigeront utilement notre comptabilité, faute de plaideurs? Acceptez donc, par prévoyance, une loi de paix, qui assure à chacun de vous des bénéfices que l'industrie morcelée ne peut donner, à vos enfants une éducation lucrative pour eux, à vos filles et femmes, la gestion bien réglée de leur fortune; et, en cas de mort, une tutelle permanente à vos familles si abandonnées aujourd'hui. Ainsi donc sécurité pour vos intérêts, variété et agréments de travail, bénéfices assurés, tout se trouve dans le travail sociétaire, et vous feriez la sottise d'en refuser les bienfaits! Il est vraiment pitoyable qu'il faille tant de paroles pour engager les hommes à être heureux.

IV.

Que le régime sociétaire a été préparé par les développements sociaux et religieux, et qu'il est seul appelé à satisfaire tous les intérêts et tous les partis.

Non seulement cette forme de société s'accorde avec les vœux, les idées et les besoins de l'époque, mais elle a été préparée par les progrès, les efforts et la religion de nos pères. Tous les germes en sont déposés dans le sein de la société actuelle; aussi n'ai-je fait qu'appliquer à une partie du travail humain, ce que vous avez déjà appliqué à l'autre. Toutes les bonnes découvertes sont presque toujours dues à l'imitation. Les tisserands ont imité l'araignée, les maçons les constructions du castor. Encore un coup, il ne s'agit que de bien observer, et non pas de créer d'un bloc. Les brusqueries vont mal dans les affaires de l'humanité. Voyez la nature, elle procède toujours comme les grands peintres par teintes insensibles; elle fait précéder la levée d'un nouveau jour social de quelques indices précurseurs, et prépare les yeux de l'intelligence à une plus vive lumière. Comme elle ménage notre faible vue par des aurores, elle établit aussi des transitions entre un règne et l'autre en mettant le polype entre le végétal et l'animal, les chauves-souris entre les oiseaux et quadrupèdes, le magnétisme et le somnambulisme entre cette vie et l'autre, comme révélation de quelques facultés extra-mondaines. Tous les changements se trouvant ainsi annoncés, il n'est pas étonnant que nous ayons aujourd'hui tant de tâtonnements et d'essais sociétaires. Oui, si tel est l'avenir assuré du monde, vous sentez que la providence a dû se réserver des moyens secrets de nous y conduire, de gré ou de force. Car tout ce qui est vrai et juste a été ou sera exécuté, afin que les impies ne puissent accuser Dieu de nous avoir fourvoyé dans une voie sans issue. Laissons de pareilles aberrations à la philosophie, et tâchons de prévoir les événements au lieu de nous laisser dominer par eux. Nous pouvons éviter les souffrances et les révolutions par lesquelles il faudrait passer pour arriver au bonheur, si, renfermés toujours dans le provisoire, nous continuons à vivre au jour le jour. Le découragement nous sied d'autant moins que nous avons déjà aplani toutes les voies de la sociabilité.

Il pourrait se faire que notre association agricole parût très-nouvelle aux yeux des Français esclaves de la mode, et pourtant elle est réclamée depuis long-temps par les penseurs, ou du moins j'ai assez bonne opinion de nos écrivains pour croire que c'est leur vœu le plus cher, et que les balivernes morales, éclectiques ou romantiques dont ils remplissent leurs livres, sont des industries auxquelles ils se soumettent pour vivre. Il n'y a pas grand mérite sans doute à proposer une chose que d'autres ont répétée. Mais quand ce système tiendrait à quelqu'autre, celui de Fourier par exemple, eh bien! après? en aurais-je moins prouvé que tous les vôtres sont absurdes. Ma foi, si Fourier a démontré que vous feriez bien de vous entendre pour l'agriculture, l'industrie et le commerce, comme vous l'avez déjà fait pour les monnaies, les postes, les mesures, etc.; taut mieux pour lui. Et, si vous êtes assez ami de la mendicité, de la fourberie et de la mauvaise gestion morcelée, pour refuser de l'entendre; tant pis pour vous. Notre système ne sera pas plus mauvais parce qu'il est proclamé par un grand homme.

Mais enfin, croyez-vous donc que les méfaits d'une civilisation sans garantie n'aient pas été flétris avant nous. Il y a déjà bien des siècles qu'une parole d'union, de charité et d'amour tomba sur la terre pour la féconder. Les lèvres de l'homme l'ont répétée, mais son esprit n'en a pas saisi toute la portée. Alors aussi il fut dit que grâce à l'opposition d'intérêts, *quand il se trouve cinq personnes dans une maison, elles sont divisées les unes contre les autres, le père contre le fils, la mère contre la fille, la belle-mère contre la belle-fille* (Saint Luc); parce que vous n'avez pas su en assurant une protection sociale à la famille, éloigner entre ses membres tout autre rapport que celui de la tendresse. Il fut aussi écrit : *que le malheur serait appelé sur votre tête quand les hommes diraient du bien de vous* (Saint Jean), tant il est difficile de réussir sans être coupable de quelqne injustice. Mais quand le règne de justice sera rétabli dans ce monde comme dans l'autre, vous n'aurez plus besoin de vous inquiéter en disant : *que boirons-nous, de quoi nous vêtirons-nous* (Saint Mathieu); car le travail varié et attrayant produira plus que vous n'aurez besoin. Si la fortune n'eut pas été le fruit de l'injustice et de l'intrigue, Jésus n'aurait pas flétri les parvenus par ce mot : *Il est plus facile à un chameau de passer par le trou d'une aiguille, qu'à un riche d'entrer dans le royaume des cieux* (Saint Mathieu). Si vous n'aviez pas confondu le lien du cœur avec celui de l'argent par vos prostitutions notariées, Jésus qui était la mansuétude même n'aurait pas jeté anathême sur votre société en disant : *Pensez-vous que je sois venu mettre la paix en la terre? non, vous dis-je, mais plutôt la division* (Saint Luc). Cessez donc d'attirer sur vous des paroles aussi amères. Vous rêvez une égalité qui ne peut pas exister, et vous ne savez pas même établir l'union qu'il y a entre des frères, avant la division du patrimoine.

Essayez de comprendre ce que doivent être des frères, et vous arriverez à notre travail sociétaire. En effet, n'est-il pas vrai qu'un frère n'a ni le droit ni le besoin d'imposer quelque chose à son frère, parce qu'ils éprouvent tous les heureux effets d'un commun effort? Nous avons donc bien fait d'intéresser tout le monde comme associé. N'est-il pas vrai que si un frère disait à l'autre : « Je ne veux pas que par ton talent supérieur au mien tu tires de cette terre dix fois plus de produits », il serait bien injuste et bien maladroit, puisqu'il porterait un grand tort à la famille. C'est encore pour éviter cela que nous avons intéressé le *capitaliste actionnaire,* à ce que le talent et le travail rendent productif un terrain qui restait souvent stérile entre les mains du propriétaire foncier. Si dans une famille plusieurs ne faisaient que *déplacer,* comme les joueurs, agioteurs, etc., ne diriez-vous pas qu'ils sont à charge aux autres? Nous avons donc agi sagement en établissant un système de *circulation* qui n'emploie pas d'agents inutiles. Quand vous aurez ainsi détruit toute lutte entre vous, c'est alors que vous pourrez parler sans hypocrisie de charité et de fraternité. Seulement la réunion sera plus grande afin que la grande variété des caractères et des vocations se développe par des fonctions et des relations variées, dont on est privé dans notre société morcelée.

V.

Conclusion et résumé des avantages.

Maintenant, pour achever d'emporter votre conviction, je sens le besoin de résumer les avantages de *l'exploitation sociétaire,* et de les grouper en relief; les voici :

Elle fait concourir à la production de la richesse les hommes, les capitaux et les talents séparés maintenant. Elle assure une direction intelligente aux travaux champêtres dont la prospérité est compromise par la routine et l'ignorance. Elle élève l'agriculture au rang de l'industrie et lui rend des capitaux que dévorent inutilement l'agiotage et les entreprises chanceuses. Elle facilite le dégorgement d'une population souffrante et vicieuse, ferment renaissant de révolution. Elle concilie les avantages de la propriété individuelle avec les exigences économiques de la gestion sociétaire, en représentant la mise de chacun par *des actions,* qui peuvent changer de mains, sans exposer l'exploitation agricole à des partages, des morcellements ruineux, qu'impose la possession immobilière. Elle remplace mille petites usines mal construites et gardées, faute de lumière, d'avances ou de soins, par des usines et entrepôts d'une élégante économie. Elle dirige vers des travaux productifs la masse énorme de capitaux, de bras, de travaux consumés aujourd'hui à se défendre, se murailler, se clôturer, se surveiller, et rend inutile cette masse nombreuse de parasites, valets, domestiques, surveillants, fiscaux, soldats, revendeurs, etc., dus à l'isolement et à la lutte des intérêts. Elle utilise par le travail varié et les courtes séances, les loisirs de tous ceux qui n'aiment pas à s'abrutir long-temps dans la même fonction. Elle accorde une surveillance sociale aux enfants, femmes, infirmes, et met leur destinée et leur fortune à l'abri des changements qu'entraînent l'incapacité, le vice ou la mort du chef de famille, de l'atelier et du ménage. Elle établit l'union, la paix et la bonne foi dans les échanges et les transactions, en faisant du fabricant et du négociant un fonctionnaire intéressé à mériter le choix dont on l'honore. Elle détruit la fraude, les procès, les luttes, les roueries d'autant plus aisément, que ces bassesses, parfois légalisées, ne seront plus que des maladresses, et rendront les fripons aussi pauvres que ridicules. Elle assure au talent la place qui lui est due, par le libre choix des actionnaires et des travailleurs, au pauvre un *minimum* de subsistance et un travail attrayant, aux riches une sécurité souvent troublée par la vue d'une population hideuse de misère et de vices, dont les plaintes forment un concert digne d'une civilisation sans entrailles. Elle donne à tous ses membres le même but, et les intéresse également à la conservation et vente des produits, à l'élégante propreté des ateliers et des jardins, qui fera de notre demeure un lieu de plaisance, d'ordre et de bonheur. A tous ces avantages de solidarité, d'ordre, d'économie, d'unité, de beauté et de bien-être, elle en joint un autre qui paraîtra peut-être le plus décisif : c'est de garantir aux capitalistes un placement solide et des revenus triples; en sorte qu'un domaine dont l'agriculture morcelée tire mille écus, produira dix mille francs en industrie *sociétaire*.

Si nous avions à examiner son influence sur les gouvernements, vous verriez qu'elle ne diminue pas moins leurs dépenses, et qu'ils doivent attendre avec impatience l'exécution de ces projets conservateurs. L'administration rendue plus simple ne rencontrerait plus d'obstacles pour centraliser les voies de transport, établir des communications rapides entre les cantons, les départements et les provinces; faire circuler les valeurs d'un bout de la France à l'autre, avec garantie pour l'envoyeur, comme cela se pratique dans la poste, mais à un taux trop élevé; pour établir des assurances en grand sur la grêle, les incendies, les dévastations, dont les *compagnies* ne peuvent étendre assez loin les opérations. On rétablirait peu à peu les climatures et les irrigations, par le reboisement des montagnes dont les fronts dénudés attesteront encore long-temps à quelles extravagances s'expose l'humanité, quand elle substitue l'isolement et le caprice à l'unité que Dieu lui impose.

C'est alors que le gouvernement pourra réduire les impôts précisément parce qu'il pourrait les augmenter sans déplaire à une population trois fois plus riche. La perception n'a plus besoin que d'un agent par canton, puisque au lieu de frapper à la porte de tant de malheureux que ruine l'isolement, elle s'adresse seulement au *comptoir sociétaire*. Les impôts pesant également sur le revenu de toutes les industries, les agents parasites des contributions indirectes reviennent aux fonctions lucratives et honorables qui s'offrent à eux dans toutes les exploitations sociétaires. Mais demander aujourd'hui l'abolition de ces impôts et des douanes, sans assurer *auparavant* sécurité et travail à ses employés, c'est à la fois maladroit et cruel.

Donnez un moyen, par l'association agricole, de faciliter la levée des impôts, et l'on ne vous imposera pas d'agents tracassiers. Vous n'aurez plus besoin d'envoyer quelques babillards à la recherche d'un gouvernement *à bon marché*, quand vos querelles, vos vices, vos luttes, vos procès sans fin, cesseront d'imposer tant de surveillants, de juges, de gendarmes, de soldats et de mouchards. Vous ne cessez de crier contre les fonctionnaires administratifs harcelés de médisance et de quolibets, depuis le simple officier de police jusqu'au ministre, et vous ne flétrissez pas le grivelage scandaleux des agioteurs, spéculateurs, joueurs et tripoteurs mercantiles, qui sans rien faire enlèvent non des cent mille francs après une année de travail, mais des millions à mille familles pauvres. Vous demandez l'économie dans vos administrateurs, et vous n'avez pas su l'introduire dans une seule commune, et puis vous écoutez sans rire ceux qui vantent votre *souveraine* sagesse. O peuples! la flatterie est par trop grossière pour n'être pas un calcul de tout ambitieux qui a besoin de vos épaules pour monter à quelque mât de cocagne.

Un jour, sans doute, vous serez capables de juger le mérite et le talent, quand vous aurez établi comme nous la ***division du travail humain,*** quand il ne sera plus possible à tout charlatan d'exploiter la bourse et la crédulité des badauds, en faisant passer à la faveur du pêle-mêle, des sophismes, des fautes de langue, des extravagances exprimées et des éditions à deux sols; quand l'homme de quelque portée ne sera plus obligé de se plier aux mille idées contradictoires d'une multitude capricieuse qui donna toujours le poison à Socrate, la croix à Jésus, la raillerie et la misère à Fourier, réservant le succès l'applaudissement et la richesse pour tous les complices de nos folies.

Il faudrait donc introduire une garantie dans toutes les fonctions de l'humanité, c'est-à-dire les organiser et les simplifier. Mais avant que l'association agricole établie dans presque tous les cantons donne un débouché à ces capacités turbulentes des

AUX HABITANTS DE LA GUIENNE.

MESSIEURS ET COMPATRIOTES,

Je demande le secours de vos efforts et de vos lumières pour rendre les capitaux à l'agriculture avant que le malaise des grandes villes nous y contraigne. Les moyens que je propose sont appuyés sur quelques vérités qui les rendront dignes de vous. Il ne faut que mettre en pratique les conclusions d'un proverbe très-commun, *l'union fait la force*. Ce besoin d'accord et de sociabilité ne sera pas nié par un peuple dont le caractère franc et communicatif est favorisé par l'influence d'un heureux climat; j'ai toujours désiré que vous fussiez aussi bien traités par les institutions que par la nature. Vous verrez que la réalisation de ce vœu dépend de vous.

J'aurais voulu être plus court, et savoir, comme La Rochefoucauld, condenser l'expérience en aphorismes concis; mais il est bien difficile d'être compris à demi-mot depuis que les réflexions des journalistes ont faussé le goût du public, donné la facilité aux hommes les plus vides d'idées de faire contenance avec du babil, et de se servir de la phrase comme d'un balancier pour faire équilibre sur le pouvoir. Aussi la parole n'est plus une arme de vérité, mais un hochet d'enfant, un cliquetis d'épées maniées par des aveugles.

N'étant pas fait à ces tours de force diplomatiques, j'ai choisi un sujet dont l'intérêt peut me dispenser de tout esprit. Si je n'avais développé qu'une élégante futilité comme dans ces assemblées où chacun peut prendre la parole quand il n'a rien à dire, votre bon sens aurait fait justice de cette imitation, et mes grands mots, recouvrant avec emphase de petites idées, auraient ressemblé à la casaque d'un géant maladroitement jetée sur les épaules d'un nain. J'ai donc choisi pour développer des vérités pratiques une langue simple comme elles; mais je n'espère pas y avoir mis un bon sens assez incisif pour que chacune de mes affirmations puisse se traduire en patois, langue vierge que les rhéteurs n'ont pas gâtée.

Je ne crois pas mériter le titre de novateur pour avoir désiré *d'accorder l'intérêt de chacun avec celui de tous*. Ce précepte est vieux comme toutes les bonnes choses. Au point où en est aujourd'hui l'humanité il n'y a de neuf en fait de principes moraux que les extravagances, en sorte qu'il nous reste à tirer de quelques adages délaissés le suc de conclusions fécondes. J'ai toujours pensé que toute langue renfermait toute sagesse, et que nous mettrions bien des siècles à jeter sur une terre féconde la riche semence de vertu contenue dans le *verbe*. Conclure et appliquer, voilà le lot réservé aux peuples qui ont assez vieilli pour poser toutes les premisses. L'homme clairvoyant doit moins innover qu'observer; car ce qui doit être est en germe dans ce qui est, comme la fleur dans le bouton. Il doit seulement prodiguer les soins et la rosée à celle qui promet les plus beaux fruits. Il m'a semblé que l'arbre social qu'on accuse de langueur parce qu'il laisse tomber quelques écorces pour faire peau neuve, porte aujourd'hui toute sa sève vers le rameau de la paix et de la pensée. Puisse-t-il abriter assez long-temps les peuples fatigués de luttes pour que la loi d'unité administrative, si laborieusement conquise par nos pères, reprenne le cercle de la sociabilité où elle l'a laissé, c'est-à-dire à l'agriculture, au commerce et aux arts.

Nous avons assez parlé de philanthropie, de charité et de fraternité. Nous avons assez égorgé au nom de la douce égalité. Faisons entrer une bonne fois dans nos actions la vaniteuse sagesse qui enfle notre bavardage. La vraie morale ne consiste pas seulement à dire : *ne fais pas le mal d'autrui,* mais à faire en sorte que *personne ne puisse le désirer même par calcul.* C'est pour en arriver à ce bon accord, que je vous expose le plan d'une association agricole fondée sur ce principe : *impossibilité de faire du bien à soi sans en faire à nos semblables, et réciproquement de leur nuire sans attaquer son propre bonheur.* J'espère bien n'être pas accusé de témérité pour avoir exprimé un vœu que vous formez tous, pour vous avoir en quelque sorte prié d'être heureux.

Je suis avec respect,

Messieurs,

votre très-humble serviteur et compatriote,

F. Villegardelle.

I.

INTRODUCTION CRITIQUE.

De l'impuissance des partis.

L'idée la plus consolante, et par cela même la plus vraie qu'on puisse avoir sur nos destinées, c'est qu'elles ne sont pas encore accomplies; que la providence souffre toutes nos erreurs parce que c'est une loi des êtres dont la fin est éloignée de se développer lentement dans les tâtonnements d'une enfance douloureuse. Quelques mille ans d'essais infructueux sont sans doute à la vie totale de l'espèce ce qu'est la première enfance à celle de l'individu. Ce temps d'épreuve et de souffrance, qui n'a révélé à tous vos ergoteurs misanthropes que la destruction prochaine du genre humain, me montre à moi un berceau couvert de larmes et d'espérances. On a pris l'aurore de l'humanité pour son agonie; la poésie même qui devrait embaumer la route de toutes les fleurs tombées de sa couronne ne fait plus entendre que des chants de désespoir, pour accompagner ce dernier convoi. Au lieu de chercher le bonheur dans des croyances consolantes, vos écrivains se jettent dans une orgie intellectuelle, fruit monstrueux d'incrédulité, de frénésie et de peur. A force de croire à la nécessité du malheur, la société a fini par s'en rendre digne. Tourmentés de désirs vides d'espérance et de foi, on a moins l'air de goûter la vie que de la subir. Nous avons beau nous étourdir par nos rêves extravagants de perfectibilité. Nous pouvons simuler la vie, galvaniser une civilisation qui conserve à peine quelque dignité dans son agonie; les dernières lueurs qu'elle jette encore ressemblent à ces feux du soir qui brillent sur les tombeaux. Elle est rongée au cœur par un égoïsme brutal qui réagit douloureusement sur lui-même et n'a pour croyance et pour but que cette maxime pitoyable : *Chacun pour soi.* Cette rupture de tout lien social est due aux conseils imprévoyants de quelques sciences modernes qui ont cru faire de belles découvertes en substituant l'égoïsme au dévouement, l'insensibilité calculée du marchand à la charité, le suicide à l'espérance. Ces éclaireuses nous ont valu l'aristocratie de l'or qui s'est libéralement substituée à celle du hasard, parce qu'il est plus facile de comprendre Barême et de faire légaliser des trafics usuraires.

Tant qu'il n'y aura pas *solidarité* et *garantie* entre tous les membres du corps social, une partie sera toujours intéressée au malheur de l'autre, et tous les progrès nous viendront par secousses et déchirements. Le succès de l'un cause la ruine des autres; chaque découverte au profit de tous est un degré d'effroi pour quelques-uns.

Ces tiraillements font de la société un coupe-gorge où l'intrigue ôte le prix au mérite, où l'écrivain vend ses œuvres, ses calomnies avec timbre appelées journaux, ses écrits sans conscience, ses éditions pittoresques dont le papier coton va très-bien à ces pensées d'un jour. Le succès vient trouver celui qui s'avilit avec élégance. Quant au niais qui s'est donné la peine de le mériter au lieu de l'arracher à la faveur, il échappe rarement à la faim et au suicide. Il est toujours exploité par des capitalistes imbécilles qui, n'ayant pas une idée, mettent à leur service celle des autres. Nous sommes fort heureux qu'ils montrent leur impuissance jusque dans le mal qui est leur domaine, car ils nous auraient bientôt lancés dans la *féodalité* industrielle. Alors, voyez-vous, ceux qui n'ont que cinquante mille francs de fortune seraient bientôt au rang des prolétaires par l'influence absorbante de leurs gigantesques usines agricoles et manufacturières.

Au lieu de chercher une issue au dédale où les sophistes nous ont jetés, on imite leurs discussions oiseuses, sur la douce égalité, l'équilibre et la pondération des pouvoirs; les épilogueurs ne sachant rien trouver pour éviter les crises dont nous sommes menacés, attendent, comme la philosophie, pour se raviser des catastrophes dont ils feront la prédiction cent ans après l'événement, ou bien ils consultent quelque vieux jurisconsulte pour mieux connaître les besoins de notre époque et compléter leur prophétie du passé. Mais comme de nouvelles crises ignorées de ces aveugles viennent toujours mettre à nu leur impuissance, ils accusent les gouvernements de toutes leurs bévues, déclament contre les rois, les peuples ou les gueux, selon qu'ils y sont disposés par leur naissance et leur intérêt. Ils encensent la liberté pour obtenir le pouvoir de la mépriser. Tiraillés en tous sens, les gouvernements vont à tâtons comme les individus. Ils emploient à se maintenir une énergie nécessaire pour enfanter de larges idées. Leur force s'use en luttes mesquines, avec des oppositions tracassières. Le temps se perd dans les niaiseries solennelles de la diplomatie qui est une manière transcendante de se ruser de peuple à peuple, une espèce de procédure où l'on trouve plus de formes que d'idées. Rien de grand ne surgit, pas un plan dominateur qui rallie et fonde dans un vœu plus large la lutte étroite des partis; tout se borne à disputer élégamment sur des riens.

Que nous font à nous tous les déplacements coûteux de listes civiles. Les idées et les actions du pouvoir nous importent plus que son origine; nous ne demandons pas d'où il vient, mais ce qu'il fait. Pourvu qu'il montre sa supériorité par l'étendue de sa prévoyance, personne ne lui contestera la légitimité du génie. Moins circonscrit que les particuliers dans le développement de son action, il peut étendre plus loin la loi du bonheur. Pourquoi ne pas emprunter pour l'exécution même de nos idées le secours d'une centralisation vigoureusement acquise par les luttes, les travaux de nos pères. Renions-nous ainsi tous notre passé pour nous livrer aux vœux capricieux des partis et des systèmes?

Mais enfin ces systèmes, ces partis qui divisent peut-être quelques-uns d'entre vous pourront-ils guérir notre plaie sociale ? Possèdent-ils la vérité? qu'ils en fassent donc part à leurs ennemis. Il serait plus loyal de les convaincre que de les punir. Ils sont tous à l'égard les uns des autres ce que nous serions nous-mêmes, si chacun de nos sens refusait le secours de l'autre, la vue celui du tact, le tact celui du goût, etc.

Que choisir dans cette espèce de salmigondis sans unité? Est-ce l'économie politique, le libéralisme, la république, la morale philosophique? Voyons d'abord ce qu'elles proposent.

L'économie politique, après de volumineuses recherches, n'a pas seulement donné un moyen d'assurer le droit au travail, de rappeler les capitaux à l'agriculture, d'éteindre la mendicité en utilisant ses victimes, et elle en est arrivée à faire cette belle découverte : *laissez faire, laissez passer*. Ainsi nous sommes avertis par la science même d'applaudir à toutes les absurdités de la routine, et la sagesse humaine consiste à tenir compte exact de nos folies, ce qui est une plaisante manière de les corriger.

Que dire des partis politiques qui ont toujours déplacé la fortune au lieu de l'étendre, et de tuer l'envie par la jouissance? Ont-ils donné au peuple un sou de plus? Y a-t-il moins de misère, d'émeutes et de souffrances? Chacun d'eux voit un côté des choses et abandonne le reste au hasard. Ainsi les uns rêvent un pas à reculons vers le dixième siècle, et ne voient rien au-delà de la propriété immobilisée; les autres sacrifient tout au commerce et aux fonctions improductives. Ceux-ci en sont encore au droit électoral poussé jusqu'au dernier échelon social, comme si ce droit que personne ne conteste était possible avant la *division des fonctions primordiales de l'humanité,* afin que l'élection ait lieu entre pairs. D'ailleurs c'est un moyen de les hisser au pouvoir, mais non pas de connaître ce qu'ils y feraient. Je ne prendrai jamais au sérieux leur admiration pour les Etats-Unis dont les institutions, fondées comme toutes celles du passé sur la lutte et le morcellement, ont tellement perfectionné la liberté, c'est-à-dire la spoliation commerciale, que la banqueroute y est une industrie reçue, pour ne pas dire une gentillesse.

A-t-on cru servir la cause de l'association que saint Simon a déjà discréditée en y joignant l'égalité ; mais vous savez que si les hommes sont obligés de s'unir, de s'entr'aider, c'est précisément parce qu'ils sont inégaux en forces, en facultés, afin que chacun se repose sur autrui d'un soin pour lequel il n'est pas fait. Le Saint-Simonisme aussi a voulu écraser l'individu au profit d'une raison sociale en élevant le despotisme à la hauteur du sacerdoce. Pour faire respecter un système qui fait l'homme pour les lois et non la loi pour l'homme, il fallait bien rendre le ciel complice de sa fausseté. Une fois imbu de *l'amour* du chef et de la *raison suffisante,* le plus difficile est fait : le reste va de soi-même. On se laisse facilement trier et molester par le grand prêtre, quand on a l'inspiration de la grâce. Il est vrai que cette grâce a paru donnée à si peu de gens; que nous n'avons pas eu le plaisir de voir fonctionner une classe de parasites uniquement chargés de distribuer les rôles. Ils auraient bien donné à chacun *suivant son mérite* après s'être préalablement attribué plus de mérite qu'à tout le monde.

Parce qu'on n'a pas trouvé un moyen de rendre le capital aussi utile à la société qu'à l'individu, est-ce une raison pour nier le droit de capitaliser ? C'est là un caractère de la liberté que d'emporter notre fortune où bon nous semble; sans lui on arrive à la destruction de l'héritage et de la famille où se purifient les êtres les plus dégradés, même dans notre société subversive.

Ce qui fait qu'on a voulu tout détruire, c'est qu'on a tout

confondu : le groupe d'ambition où le supérieur entraîne l'inférieur, avec celui de la famille, où le faible entraîne le fort, le groupe de hiérarchie où chacun est placé d'après son talent avec celui de l'amitié, où *l'égalité* est seulement de mise. Il fallait appliquer à la division des pouvoirs cet axiôme qui formule aujourd'hui l'égoïsme le plus bas : *Chacun chez soi.* On n'aurait pas demandé à grands cris l'abolition de la monarchie qui centralise l'hérédité et tout ce qui tient à la famille, ni celle du droit de capitaliser, s'il ne se fût sottement joint à celui de choisir l'œuvre du talent.

Ainsi donc, philosophes moralistes qui jetez la société dans un cercle vicieux qu'elle brise de temps en temps par de cruelles secousses, si vous ne savez pas trouver la loi d'harmonie qui fait un magnifique concert de toutes les notes diverses, cessez d'en appeler à la loi de contrainte et de nivellement pour faire exécuter vos conceptions inexactes. Il a été dit : *Cherchez et vous trouverez.* Eh bien donc, cherchez *tous* les besoins de l'humanité au lieu d'en fabriquer à vos fantaisies. N'est-ce pas une impiété que de nier dans le monde de la pensée une loi dont la providence n'a pas déshérité la matière ? Ne restez plus dans la voie des magiciens du moyen-âge. Eux aussi pensaient que la nature serait changée par leurs sortiléges extravagants ; mais ils brisèrent du moins leurs instruments de magie, quand Newton et Galilée leur eurent appris que l'homme n'était pas ici-bas pour créer des forces, mais pour les utiliser. Prenez comme ces grands hommes un rôle plus modeste. Résignez-vous à croire qu'en fait de codes sociaux la divinité s'y entend aussi bien que les philosophes.

Vous pourrez bien légitimer pour un temps vos lois de rigueur en élevant des autels à la *déesse de la raison.* Mais cette divinité à laquelle nous devons nos conventions éphémères, nos raisonnements armés d'un triangle d'acier, sera toujours détrônée par le dieu de l'attraction, qui imprime éternellement à tous les êtres les désirs et les impulsions en rapport avec leur destinée.

C'est là un pouvoir qui se joue de toutes vos visions, et contre lequel vous auriez dû prendre auparavant quelques garanties. Il est fâcheux que pour le succès de vos utopies parfois cruelles on ne puisse en user avec lui comme avec la vertu et s'en débarrasser par l'échafaud. Et où en serions-nous, grand Dieu! si dans une société où il y a lutte de pauvre à riche, de capitaliste à prolétaire, de maître à ouvrier, chacun ne pouvait respirer qu'en ôtant l'air et la vie à son voisin! La moitié du genre humain attendrait pour être heureuse la mort de l'autre, et tous deviendraient, au nom de la douce égalité, des Robespierre bourgeois.

Il faut pourtant avouer que les faux pas des acteurs politiques ne sont pas dus seulement à leur maladresse. Il y a derrière la scène des souffleurs qu'on appelle philosophes, moraux, éclectiques, et qui encombrent depuis quelques siècles les chaires, les tribunes, sans éclaircir mieux les affaires de l'humanité, qui a souvent le bon sens de ne pas les comprendre. Napoléon les appelait idéologues, parce qu'ils recherchent toujours la manière d'avoir les idées sans en trouver une d'utile. Aussi je ne vous dirai rien de leurs découvertes, parce que c'est jouer une grande malice à un philosophe que de le comprendre. Si je vous disais qu'ils ont employé d'énormes volumes pour savoir si on pense avant d'exister, si nous sommes libres de désirer, si vous êtes là devant moi par une puissance de mon intellect, etc...., vous croiriez que je veux rire des philosophes en supposant que des hommes graves s'amusent à prouver des vérités qui ne valent pas quatre proverbes de Sancho. Au reste, ces questions sur notre liberté et notre immortalité élèvent l'âme; mais avons-nous besoin de cet échafaudage de raisonnements pour prouver notre immortalité. Dieu, étant économe de ressorts, n'a pu donner à tous les êtres que les désirs et les facultés nécessaires pour accomplir leur destinée. Ainsi, l'abeille ne désire pas créer des huttes comme le castor, tisser des fils comme l'araignée. Tout désir général répond à une destinée. Or, l'homme a toujours eu le désir et la prescience de son immortalité, qu'il manifeste par ses poésies, ses religions, ses tourments vagues, aspirations infinies du cœur quand vous regardez le ciel. Eh bien! ce désir sacré sera donc accompli. Je n'ai pas besoin d'autre preuve. Que les systèmes varient ensuite sur les moyens laissés à la providence d'en assurer la possession. Je ne m'en étonne pas plus que d'entendre exprimer la même pensée dans des langages différents. Que nous en attendions la jouissance dans un monde à part, ou ce qui est plus probable, que notre épuration, c'est-à-dire notre rapprochement de Dieu, s'accomplisse de monde à monde, de caractère à caractère, par une alternative de fonctions qui assure à chacun de nous une égalité à tour de rôle; toutes ces questions nous importent peu. Elles tendraient à imposer des limites à l'infinie sagesse du Créateur. Commençons par choisir ce qui flatte le plus nos espérances, ne les nions pas, parce que les peuples ont différentes manières de les formuler. Et pourquoi nous dépouillerions-nous de ces croyances? Serait-ce en faveur du raisonnement? Le raisonnement, bon Dieu! qui n'a jamais créé ni une force ni une vertu. Mais dites-moi quelles extravagances, quelles sanglantes exécutions politiques ne se sont pas d'abord appuyées sur les meilleures raisons. Allez, il faut être bien maladroit pour ne pas rendre un raisonnement ou une loi complice de ses fraudes et de ses vengeances. Celui qui ne veut pas tenir compte d'un principe qui passe avant tout, l'humanité, finit par commettre le crime en conscience. On a si bien pressenti cette impuissance du raisonnement, que Lamenais a voulu le terrasser sous ses propres coups, et supposer à la raison humaine pour se soumettre une puissance dont la sienne aurait besoin pour se guider. Comme il y a là une contradiction dont ce bouillant génie n'est pas exempt, le raisonneur ne se tiendra pas pour battu. Il fallait le nier complètement et montrer que les découvertes impérissables sont des conclusions des faits constatés. Or, comme les impulsions du cœur ne sont pas moins des faits que celles de la matière, il eut été facile de donner raison au peuple, qui a toujours préféré les poètes aux philosophes, parce qu'au lieu de le régenter avec des préceptes incertains, ils ont chanté les douleurs, les passions et les sympathies toujours renaissantes.

L'impuissance des sophistes, pour assurer le bien-être des peuples, est secondée par la morale, qui recommande de ne pas le désirer en affichant dans ses livres une simplicité frugale dont ses adeptes sont les premiers à rire en secret. Aussi, nous avons eu deux morales, l'une pour les heureux du monde qui achètent des livres moraux dont la lecture serait par trop fatigante si on ne leur permettait pas de développer leur luxe et leurs jouissances; l'autre, pour le peuple plus sévère, plus accommodée à sa misère. On lui démontre les douceurs de la pauvreté par la bouche des millionnaires, la nécessité de modérer ses désirs, afin sans doute de ne pas faire concurrence aux moralistes qui vendent des préceptes de tempérance pour acheter des jouissances.

Si la morale avait consulté la vraie science physiologique de l'homme, elle eût appris que ni la sagesse ni la santé ne résultent de la *privation,* mais du développement *intégral* de toutes les facultés; que si la rotation de l'esprit dans une seule idée produit la folie, dans une seule fonction elle engendre l'abrutissement, dans une seule passion, le vice ou la mort; que le bon sens, le bien-être et la vertu viennent de la sage pondération de nos pensées, de nos passions et de nos travaux; que la nature y a pourvu par ce besoin impérieux qu'éprouve l'homme non encore mécanisé de changer d'occupations et de plaisirs. Elle eut appris qu'on a calomnié la providence en supposant dans le cœur de l'homme une méchanceté qui est le fruit de nos institutions fondées sur *l'opposition* des intérêts; qu'il n'y a rien d'inutile dans cette grande variété de désirs et d'impulsions dont sont pourvus les caractères divers pour des travaux différents; que les crimes sont des facultés viciées, des forces qui détruisent là où elles auraient pu créer, que le désœuvrement est l'ennui d'un homme qui n'a pas trouvé sa fonction; que si toutes les vocations étaient développées on verrait exécuter par plaisir et par goût plus de travaux que ni la contrariété ni la faim n'en produisent. Qu'une foule d'oisifs dont l'activité se consume dans la débauche, le jeu et l'émeute, ont échappé aux conséquences fatales du morcellement, ce travail abrutissant de toute la vie. Que là est la cause de cette augmentation de population famélique par une loi physiologique qui veut que la partie d'une nation dont les jouissances et les travaux sont moins variés soit aussi la plus populeuse. Ainsi donc, pour porter remède à tant de maux, il faudrait utiliser tous les caractères, rendre l'homme à sa destination naturelle, qui est le travail varié ; augmenter le bonheur du pauvre sans diminuer celui du riche ; mettre un terme à ces déplacements politiques qui écrasent la masse sous les priviléges de quelques-uns, ou font plier ces derniers sous la force brutale des masses ; créer enfin une société qui se fasse bénir, et par ceux qui possèdent, et par ceux qui n'ont rien, embrassant tous les désirs, convenant à tous les gouvernements. Pour cela, il faudrait n'omettre aucune des tendances humaines dont on n'a pas tenu compte, comme l'ont prouvé Condorcet, Senancour, Martin, Demaistre, et surtout Charles Fourier. Elles se manifestent par des plaintes, des désirs, souvent par des révolutions qui sont les lois même de Dieu, les déchirures sanglantes faites par les peuples qui grandissent à l'habit écourté qui ne va plus à leur taille.

II.

Qu'il faut établir une solidarité et une garantie entre tous les membres du corps social, et que l'administration en a senti l'utilité.

Avant de proposer une institution aux hommes, il faut connaître les besoins et les désirs permanents qu'elle doit embrasser. Or, si vous descendez en vous-même, voici les vœux que vous y trouverez toujours renaissants. — Vous désirez une société qui assure à vos personnes toute la part de liberté qui ne compromet pas celle d'autrui, à vos familles une protection sociale permanente, à votre vieillesse un refuge contre l'abandon et la misère, aux indigents une charité profitable à tous. Vous voudriez que toutes les facultés, les talents et les vocations de l'homme puissent se développer à l'aise sans se froisser ; qu'on obtienne sans intrigue une récompense toujours en rapport avec le travail, le talent et le capital de chacun ; qu'il y ait solidarité et garantie entre tous les membres du corps social, afin que l'intérêt individuel ne soit jamais contraire à celui de tous ; qu'en un mot chacun soit *intéressé à n'employer son activité, ses talents et sa fortune, que pour son bonheur et celui des autres.* Si vous y trouviez de plus une grande unité d'actions, de vues et d'exécution, économie pour la dépense, salubrité dans la demeure, bonne gestion, etc. ; certes, vous avouerez qu'une pareille institution fondée sur l'ordre et la bonne foi se ferait bientôt adorer.

Mais, direz-vous : elle est par trop opposée à notre société pour n'être pas impraticable. Car enfin on serait obligé pour réussir d'employer la franchise et d'agir toujours à découvert, tandis que la ruse et le charlatanisme élèvent aujourd'hui les hommes les plus vides de mérite. On désirerait même par calcul l'intérêt de tous, tandis qu'on ne peut favoriser le sien sans nuire à celui d'autrui. Une surveillance et un examen social s'exercerait sur toutes les industries, tandis qu'elles menacent tous les jours notre repos, notre santé et notre bourse. L'indigence y serait aussi rare que le désordre, et précisément elle semble croître chez nous avec les développements industriels qui devaient l'arrêter ; tout irait enfin avec ensemble, tout se fait par soubresauts et tiraillements. Comment penser qu'une pareille société ne soit pas le rêve d'un cœur généreux, ou que l'humanité se soit aveuglée au point de ne pas la rencontrer?

Oui, certes, vous avez dit vrai. Si l'humanité n'avait pas appliqué en partie les principes de garantie, il serait inutile de les réclamer pour l'agriculture et l'industrie. Car il ne peut pas y avoir ainsi brusquerie dans le progrès. Mais vous saurez qu'elle les a rencontrés toutes les fois qu'elle a agi collectivement, avec ensemble et unité. Il y a en effet, à côté des individus isolés agissant sans ordre et sans intelligence, le génie administratif que respectent toutes les révolutions et qui survit toujours grandissant aux tourmentes politiques. Oui, le génie gouvernemental, que des brouillons sans portée accusent souvent d'un malaise dû à notre défaut d'union, a mis cette unité de vues que nous désirions tout-à-l'heure, en sorte qu'il nous reste à l'imiter, bien loin de le contrarier. Oui, dans tous les temps, grâce aux efforts triomphants de Charlemagne, Louis XI, Richelieu, Napoléon, à travers toutes les résistances opiniâtres de la caste, de la routine, l'administration centrale a conservé sa supériorité sur nous, individus renfermés dans une personnalité aussi étroite que nos conceptions. Comparez plutôt ses entreprises, et jugez de bonne foi.

A elle les vastes usines, les beaux établissements, les communications rapides du centre à la circonférence du royaume par des routes et des canaux qui sont comme les veines et les artères de ce corps majestueux; à nous l'isolement, le gaspillage, les mesquines entreprises, le morcellement le plus absurde de notre terrain, la culture la plus compliquée. Elle abrite les travailleurs dans de vastes édifices où l'élégance et la propreté se combinent avec l'économie; les nôtres s'étiolent ou s'abrutissent dans des baraques ou trop isolées ou trop entassées; dans des taudis à petits compartiments, malsains, dispendieux, mal alignés, dignes en tout des misérables qui les habitent. Elle exige de ses fonctionnaires exactitude et capacité, et leur assure sécurité et retraite. Nous, nous laissons cultiver nos terrains par les plus ignares, droguer nos corps par le premier charlatan, corrompre notre langue et nos mœurs par le premier écrivailleur qui, pour faire passer ses drogues sophistiques, a l'adroite flagornerie d'en appeler à la *souveraineté* de notre ignorance. Elle ne permet jamais à ses fonctionnaires, gens d'affaires, des employés inutiles, je n'oserais jamais, et par prévoyance et par humanité, changer quelque chose aux droits acquis. L'insolidarité est si grande, qu'il est aujourd'hui impossible de servir la masse sans porter un coup mortel à l'industrie de quelques-uns. Ainsi l'invention d'une machine qui réduit le prix des objets est un sujet d'effroi pour les malheureux ouvriers qui souffrent et maudissent pendant tout le temps nécessaire à un nouvel apprentissage qui deviendra peut-être inutile par un nouveau développement; que quelques industriels s'assoient et produisent à meilleur marché comme pourraient le faire les imprimeurs, libraires; qu'ils monopolisent indirectement le travail, comme viennent de le faire quelques médecins, et tous ces progrès réclamés par l'intérêt du public vont mettre sur le pavé des milliers d'ouvriers, de libraires, d'imprimeurs, de médecins, etc. Qu'on s'avise de centraliser le commerce, la banque, les voies de transport, et vous entendrez crier *au monopole*, comme on le fit sans doute la première fois que l'administration vint à faciliter vos voyages et vos correspondances par des postes royales. A qui faut-il donner tort? Au public qui demande à être servi économiquement, ou aux industriels qui ont perdu leur temps, leurs avances et tout leur avenir? Ni aux uns ni aux autres, mais à la civilisation, qui n'a pas établi une solidarité entre tous les intérêts, et que Dieu condamne à n'avancer que par des soupirs. Ainsi donc, il n'y a pas de milieu, il faut accepter ce que nous proposons, ou ne rien changer aux positions acquises. Sans quoi, vous verrez toujours des commotions qui ne seront pas sans résultats; car il en est qui peuvent acheter l'obéissance d'une populace affamée, et entreprendre des émeutes par souscription. Il n'y aurait rien de plus épouvantablement logique que la destruction d'une société par la puissance de l'argent, seul dieu qu'elle veuille encore encenser. Mais ces désastres n'arriveront pas sans doute. Il est encore temps de se raviser. Les hommes sincères de tous les partis, grands ou petits, riches ou pauvres, les membres de tous les gouvernements, ne dédaigneront pas la seule planche de salut qui leur soit offerte.

De là, je conclus que le régime sociétaire doit être encouragé dans tous les cantons, et qu'il est le seul mode de travail assurant la paix, la justice et la richesse à notre patrie, dont les partis, les systèmes erronés et la guerre civile éparpillent l'unité, l'intelligence et la force.

Nota. Ceux qui désireraient de plus amples détails sur la construction de l'habitation sociétaire, les trouveront dans *l'Architectonique* de notre collaborateur et ami Victor Considérant. — Prix : 2 fr. 50 c. — M. Valois prépare aussi un travail sur l'*Exploitation sociétaire,* dans lequel il démontre mathématiquement les avantages et les bénéfices qu'elle assure aux capitalistes actionnaires.

Bordeaux : Imp. d'Hon. Gazay et Ce., rue du Pas-Saint-Georges, n°. 27.

www.ingramcontent.com/pod-product-compliance
Ingram Content Group UK Ltd.
Pitfield, Milton Keynes, MK11 3LW, UK
UKHW022153170726
13837UKWH00004B/1954

9 782329 463995